AF452894

AVANT-PROPOS.

Nous ne nous étendrons pas longuemen
sur les mérites et les avantages de ce petit
travail. Ses mérites ne consistent que dans
l'exactitude, la clarté et la brièveté, conditions nécessaires d'un livre de ce genre. Ses
avantages sont de ceux qui ne sautent point
aux yeux tout d'abord, mais que le temps et
l'usage révèlent. Ce n'est point un ouvrage
d'histoire, ce n'est point un recueil politique,
c'est, en quelque sorte, la main-courante des
événemens de tous les jours. Là, chaque fait
de quelque intérêt vient se placer à sa
date, résumé en quelques mots succincts,

simples et clairs, et présenté dans sa nudité la plus complète, c'est-à-dire sans discussion, sans phrases et sans commentaires. Nos *Éphémérides contemporaines* ne se piquent pas de juger les événemens, d'en sonder les causes, ni d'en prévoir les conséquences, elles les enregistrent, voilà tout. Pareil livre n'offre sans doute pas, comme lecture suivie, un bien vif intérêt; mais de quel prix ne sera-t-il pas toutes les fois qu'il s'agira de quelque enquête à faire dans l'histoire de l'année qui vient de s'écouler. Que de temps épargné! que de recherches évitées à l'aide de ce programme qui sera comme la table des grands journaux!

Sans doute les feuilles quotidiennes tiennent le lecteur au courant des événemens de chaque jour; mais une fois les feuilles et les événemens entassés dans l'ombre du passé, combien d'heures ne consomme-t-on pas pour retrouver, au sein de ce dédale, un fait, qui souvent même se dérobe au plus minutieuses investigations. Les *Éphémérides contemporaines* obvieront à cet inconvénient, parfois plus grave qu'il ne semble. A l'aide de ce fil conducteur, on pourra, sans prendre la peine de compulser de volumineuses collections, mettre le doigt sur le fait qu'on recherche et dont la date renverra sur-le-champ le lecteur aux sources utiles à consulter.

Quelques faits, toutefois, entre autres ceux qui se sont accomplis dans des localités éloignées, n'offrent point de date précise. Nous n'avons pas cru devoir leur en assigner une arbitrairement, et nous avons pris soin de les renvoyer, dans une catégorie particulière, à la suite du mois où ils se sont passés.

Nous ne nous sommes point bornés à tenir note de tous les événemens considérables; les faits d'une moindre importance ont aussi trouvé place dans ce répertoire; car, qui peut prévoir la portée réservée dans l'avenir à telle circonstance souvent presque insignifiante dans le présent, mais grosse de conséquences et de complications? C'est particulièrement en politique que les petites causes engendrent les grands effets.

On trouvera tout naturel que nous ayons

parlé avec détail des événemens accomplis en France et donné une large place au tableau de son mouvement politique, et surtout aux travaux des deux Chambres, auxquels nous avons apporté une attention et un soin tout particuliers. La majorité de nos lecteurs est française ; c'est pour elle, avant tout, que ces *Éphémérides* sont écrites.

La concision commandée par la nature même de ce recueil ne nous permettait pas de donner de longs développemens à certains faits, à certaines choses dont l'intelligence réclamait cependant des explications étendues. Nous avons concilié cette double exigence en rejetant ces explications à la fin du livre, sous le titre de : *Notes et éclaircissemens*. C'est là que nous avons éclairé tous les points qui présentaient quelque obscurité et fait connaître les antécédens de tous les événemens impossibles à bien comprendre sans cet accessoire nécessaire.

Pour ajouter encore à la clarté et à l'utilité de ces *Éphémérides*, nous y adjoindrons une division supplémentaire où l'on trouvera rangée, suivant leur ordre chronologique, tous les faits et les événemens de l'année, sous la rubrique du pays qui leur a servi de théâtre.

On comprendra sans peine que cet appendice, qui doublera la facilité des recherches, ne saurait paraître dans la première partie du volume, puisqu'il demande, pour être clair et commode à consulter, à présenter dans un cadre unique la monographie politique de chaque État durant les douze mois de l'année. Il paraîtra avec la seconde livraison, qui sera publiée à la fin de janvier 1848, et complètera le tableau politique de l'an 1847.

Nous ne reculons, on le voit, devant aucun travail et aucune dépense pour donner à ce petit livre tous les avantages dont il nous paraît susceptible. Toutefois, nous ne nous flattons pas d'être, du premier coup, arrivés à la perfection. Nous recevrons avec reconnaissance toutes les observations et les idées applicables à cette publication, qu'on voudra bien nous adresser, et nous nous empresserons d'y apporter toutes les améliorations

praticables à mesure qu'elles se présente-
ront.

Nota. On remarquera que la pagination
s'arrête à la page 64 des *Éphémérides* et re-
commence avec les *Notes et éclaircissements*,
qui finissent à la page 32. Cette précaution
était nécessaire pour que la deuxième livraison formât la continuation naturelle et logique
de la première, et que ces deux parties dis-
tinctes, les *Éphémérides* et les *Notes*, ne se
trouvassent point entremêlées dans le volume.
Ainsi, dans la seconde livraison, les *Éphémérides* partiront de la page 65, et les *Notes* de
la page 33. Pour prévenir toute confusion,
nous avons eu soin d'indiquer sur chaque
cahier, à côté du numéro d'ordre, à laquelle
de ces deux catégories il appartient.

La couverture, le titre et le faux-titre seront envoyés avec le second semestre, qui
formera le complément du volume.

ÉPHÉMÉRIDES CONTEMPORAINES.

* * *

JANVIER.

1er. — OCÉANIE : Les chefs rebelles à l'autorité française se soumettent après la prise du fort de Fantahua, emporté par les marins français le 17 décembre 1847, et une série de petits combats favorables aux armes françaises (1).

4. — ÉTATS-UNIS : Rejet, par 89 voix contre 88, d'un bill concernant la paix à conclure avec le Mexique (2).

PORTUGAL : Entrée à Coïmbre du maréchal portugais Saldanha, en marche sur Oporto (3).

6. — SUISSE : Révolte des patriotes de Fribourg, fondée sur l'interdiction des assemblées populaires politiques.

8. — Suisse : Défaite des radicaux du canton de Fribourg, par les troupes du gouvernement.

9. — Baden : Mort de l'archiduc palatin de Hongrie, décédé à Baden à l'âge de soixante-dix ans.

France : Suppression du consulat de France à Canton. — Création d'un poste de chargé d'affaires de France près le gouvernement du Céleste empire. Ce chargé d'affaires résidera à Canton.

10.—Algérie : Combat sérieux de la colonne commandée par le général Herbillon contre les Ouled-Djellal, tribu des Zibans. Perte considérable des deux parts. Soumission des Ouled-Djellal.

Angleterre : Note de lord Palmerston à M. Guizot, ministre des affaires étrangères du royaume de France, touchant les mariages des princesses espagnoles (4).

France : Séance préparatoire de la Chambre des députés. Tirage au sort de la grande députation destinée à aller au devant du roi.

11. — France : Ouverture de la Chambre des députés. Discours du roi.

12. — France : Première séance de la Chambre des députés. Tirage au sort des bureaux. 1er bureau, M. Hébert, président;

M. Calmon fils, secrétaire. 2e bureau, M. de Golbéry, président; M. le duc d'Elchingen, secrétaire. 3e bureau, M. Calmon père, président; M. de la Tourette, secrétaire. 4e bureau, M. Félix Réal, président; M. le marquis de Béranger, secrétaire. 5e bureau, M. le lieutenant-général Schneider, président; M. Paul de Gasparin, secrétaire. 6e bureau, M. Sapey, président; M. de Mérode, secrétaire. 7e bureau, M. le maréchal comte Sébastiani, président; M. Hallez Claparède, secrétaire. 8e bureau, M. Croissant, président; M. Teisserenc, secrétaire. 9e bureau, M. le lieutenant-général Meynadier, président; M. de Goulard, secrétaire. — Troubles graves à Buzançais (Indre) à l'occasion de la cherté des grains. Assassinat de M. Chambert-Huart (5).

Rio de la Plata : Prise de la ville de Paisandu par Rivera. Les assiégeans évacuent la ville après l'avoir réduite en cendres (6).

13. — France : Présentation à la Chambre des députés des projets de loi portant fixation du budget des recettes et dépenses de l'exercice 1848, s'élevant approximativement à 1,371,592,457 fr. pour les recettes, et à 1,368,276,127 fr. pour les dépenses. — Nomination de S. A. R. monseigneur le duc de Montpensier, maréchal-de-camp, au titre et à

l'emploi de commandant supérieur de l'artillerie du département de la Seine.

14. — FRANCE : Nomination de la commission de l'adresse à la Chambre dés députés. La commission est composée de MM. Hébert, d'Haussonville, Muret de Bord, de Bussière, de Saunac, de Carné, de Péramont, Vitet et Desmousseaux de Givré, tous membres de la majorité ministérielle.

15. — FRANCE : M. Dumont, ministre des travaux publics, est chargé de l'intérim du ministère de la justice, durant le voyage projeté par M. Martin (du Nord) dans l'intérêt de sa santé.

16. — WURTEMBERG : La Chambre des députés proteste, à l'unanimité, contre la censure, et demande au gouvernement la liberté de la presse.

18. — FRANCE : Lecture et discussion à la Chambre des pairs du projet d'adresse en réponse au discours de la couronne.

19. — ANGLETERRE : Ouverture du Parlement par S. M. la reine d'Angleterre.

FRANCE : Répression de l'émeute de Buzançais. Arrestation des assassins de M. Chambert.

MEXIQUE : Le congrès vote la vente des biens du clergé, jusqu'à concurrence de

15 millions de dollars, pour faire face aux dépenses de la guerre contre les États-Unis.

21. — ESPAGNE : Le ministère donne sa démission, à la suite de l'élection de M. Orosco, candidat progressiste, à la présidence des cortès. Le duc de Soto Mayor est chargé de composer un ministère.

SAXE : Ouverture par commissaire de la session extraordinaire des États de Saxe.

22. — ANGLETERRE : Présentation du bill ayant pour objet de suspendre, jusqu'au 1er septembre prochain, l'effet de la législation sur les céréales, ainsi que l'acte de navigation pour les navires chargés de grains.

FRANCE : Vote de l'adresse à la Chambre des pairs, après une discussion de trois jours. — Vote sur l'importation des grains étrangers par la Chambre des députés.

25. — CRACOVIE : Incorporation de Cracovie au système de douanes autrichiennes.

ESPAGNE : Le duc de Soto-Mayor ayant échoué dans la mission de composer un ministère, la reine confie cette mission à M. Castro y Orosco.

FRANCE : Présentation à la Chambre des pairs du projet de loi relatif aux prisons. — Présentation du projet de loi, déjà voté par la Chambre des députés, relatif à l'importation des grains. — Réponse de M. Guizot à la note de lord Palmerston. (Voir au 10 janvier.)

26. — ANGLETERRE : Vote du bill sur les blés étrangers et la navigation.

FRANCE : Lecture du projet d'adresse à la Chambre des députés.

27.—FRANCE : Vote par la Chambre des pairs du projet de loi sur l'importation des grains.

29. — ESPAGNE : Constitution d'un nouveau ministère, composé de MM. le duc de Soto Mayor (marquis de Casa Irujo), président du conseil et ministre des affaires étrangères; Bravo Murillo, grâce et justice; Manuel de Seijas Lozano, intérieur; Mariano Roca de Togores, instruction publique; Ramon de Santillon, finances; Pavia, guerre; marine *ad interim*, Baldasano.

FRANCE : Promulgation de la loi relative à l'importation des grains.

MONTEVIDEO : Fâcheux état des affaires de la république montévidéenne, par suite de la défaite de Rivera et de la capitulation de plusieurs places qui se sont soumises à Rosas.

———

(Suivent les faits dont nous n'avons pu préciser la date, mais qui ont eu lieu dans le courant du mois.)

Maroc : Présentation par M. de Chasteau, chargé d'affaires de France, de ses lettres de créance à l'empereur Abderrhaman.

Mexique : Santa-Anna est nommé président de la république du Mexique et général en chef de l'armée. Mais ces fonctions étant incompatibles, un vice-président (Gomez Farias) est chargé de le suppléer provisoirement dans l'exercice du pouvoir exécutif. — Le vice-président Gomez Farias est renversé peu de jours après. Santa Anna est nommé dictateur.

Océanie : Rentrée de la reine Pomaré dans ses états. Elle reconnaît le protectorat français et promet de s'y soumettre sans réserve.

Suède : Protestation du roi Oscar Ier contre la suppression de la république de Cracovie, accomplie par la Russie, l'Autriche et la Prusse.

FÉVRIER.

1ᵉʳ. — AUTRICHE : Suppression des corvées et des redevances seigneuriales, imposées aux paysans galliciens.

FRANCE : Présentation à la Chambre des pairs du projèt de loi concernant les substitutions militaires. — Ouverture de la discussion du projet d'adresse à la Chambre des députés. — Vive discussion touchant les mariages des princesses espagnoles, ouverte à l'occasion de l'adresse.

3. — PRUSSE : Promulgation des ordonnances qui règlent les attributions des diètes provinciales assemblées en diètes réunies (7).

6. — ANGLETERRE : Dépêche de lord Normanby à lord Palmerston, touchant le démenti donné par M. Guizot, à sa dépêche du 25 septembre. (Il s'agit ici de la phrase prononcée à la Chambre des députes par M. Guizot à l'occasion des conférences relatives aux mariages espagnols : « Mais j'ose dire que si M. l'ambas-
« sadeur d'Angleterre m'avait fait l'honneur
« de me communiquer sa dépêche du 25 sep-
« tembre, comme il m'avait communiqué celle
« du 1ᵉʳ septembre, j'aurais parlé autrement et

« peut-être mieux qu'il ne m'a fait parler. »)

FRANCE : Clôture de la discussion ouverte à la Chambre des députés touchant les mariages espagnols. Approbation accordée par la majorité à la politique extérieure.

RUSSIE : Ukase rendue par l'empereur sur la proposition du Sénat, dirigeant et tendant à empêcher le prosélytisme en faveur de tout autre culte que la religion grèco-russe.

7. — ESPAGNE : Exil de l'Infant don Henry frère du roi pour avoir manifesté le projet de se marier, sans le consentement de la reine, avec la jeune comtesse de Castellar (8).

8. — PRUSSE : Convocation par le roi des huit diètes provinciales du royaume en une seule assemblée pour le 11 avril de la présente année, afin de consulter les états sur quelques affaires importantes.

10. — FRANCE : Incident élevé à la Chambre des députés à l'occasion du procès de M. Alexandre Dumas avec la *Presse* et le *Constitutionnel*, et où cet écrivain aurait avancé que le gouvernement avait mis un bateau à vapeur de la marine militaire à ses ordres, pour exécuter un voyage de circumnavigation sur la côte d'Afrique.

11. — ANGLETERRE : Lettre du vicomte de Palmerston au marquis de Normanby, afin

de l'assurer de la confiance du gouvernement dans l'exactitude de ses rapports.

12. — FRANCE : Vote de l'adresse à la Chambre des députés.

14. — GRÈCE : A la suite d'un différent élevé entre le roi Othon en personne, et M. Mussurus, ambassadeur de la Porte, par suite du refus de celui-ci de viser pour Constantinople le passeport d'un des aides-de-camp du roi, M. Mussurus s'embarque au Pirée (9).

15. — ESPAGNE : Mort du général Palafox, duc de Sarragosse, qui commandait cette ville lors du siége entrepris par les Français.

FRANCE : Présentation à la Chambre des pairs d'un projet de loi concernant l'exercice de la médecine et de la pharmacie.

17. — FRANCE : Irritation croissante entre M. Guizot, ministre des affaires étrangères, et lord Normanby, à l'occasion d'une lettre d'invitation adressée au ministre par l'ambassadeur, et retirée sous prétexte d'erreur dans l'envoi. — Conclusion du procès Drouillard, intenté devant la cour d'assises de Maine-et-Loire, pour cause de manœuvres illégales, de fraude et de corruption employées pour déterminer l'élection de M. Drouillard en qualité de député de Quimperlé. Condamna-

tion de **MM.** Drouillard et Peyron à 10 ans d'interdiction des droits civiques. Condamnation à 5 ans, infligée à trois des accusés convaincus d'avoir vendu leur vote. Pourvoi en cassation.

Suisse : Adoption par le grand-conseil de Genève de l'article de la constitution nouvelle qui attribue au peuple réuni en conseil général la nomination des sept membres composant le gouvernement.

18. — **Espagne** : Changement survenu dans le cabinet espagnol ; nomination du général Oraa et de M. Alexandre O'Livan aux postes de ministre de la guerre et de ministre de la marine.

20. — **Algérie** : Proclamation du général Bugeaud, démentant formellement les bruits de paix avec la France qu'Abd-el-Kader s'efforce de propager parmi les Arabes.

France : Présentation à la Chambre des députés du projet de loi tendant à autoriser la Banque de France à émettre des coupures de 250 fr.

Iles Sandwich : Accueil bienveillant fait au commandant du vaisseau russe l'*Alexandre*, par le roi Tamamaha, qui témoigne le désir de nouer des relations avec la Russie.

21. — **Portugal** : L'équipage du steamer

de la reine, *Porto*, se révolte contre ses officiers et livre le bâtiment à la junte.

22. — FRANCE : Adoption à l'unanimité par la Chambre des pairs du projet de loi relatif au cabotage des grains par les bâtimens étrangers. — Adoption par la Chambre des députés du projet de loi tendant à augmenter de 10,000 hommes l'effectif de l'infanterie. — Présentation à la Chambre des députés du projet de loi relatif aux livrets d'ouvriers déjà voté par la Chambre des pairs.

23. — ESPAGNE : Présentation aux cortès du projet de loi concernant une levée de 50,000 hommes et un emprunt de 200 millions de réaux à 3 p. 0/0 d'intérêts.

FRANCE : Prise en considération par la Chambre des députés de la proposition de M. de Lafarelle relative aux irrigations. — Présentation du projet de loi concernant l'accélération du remboursement des cautionnemens fournis par les compagnies du chemin de fer.

MEXIQUE : Bataille de Buenavista, entre Santa Anna, à la tête de 24,000 hommes, et le général Taylor, commandant 6,000 Américains. Défaite complète des Mexicains.

25. — FRANCE : Ouverture des débats de l'affaire de Buzançais (26 accusés). — Pro-

position présentée à la Chambre des députés par M. de Rémilly, concernant une taxe à établir sur la race canine.

27. — ALGÉRIE : Ben-Salem, principal lieutenant d'Abd-el-Kader, vient à Aumale faire sa soumission à la France.

FRANCE : Présentation à la Chambre d'un projet de loi portant demande d'un crédit de 3 millions pour un essai de colonisation militaire en Algérie. — Prise en considération de la proposition de M. de Mesmay, relative à la réduction de l'impôt sur le sel. — Prise en considération de la proposition sur la réforme postale, présentée par M. Glais-Bizoin (10). — Solution amiable du différent élevé entre M. Guizot et lord Normanby, par l'intervention de M. Appony, ambassadeur d'Autriche. — Annulation à l'unanimité de l'élection de M. Drouillard comme entachée de corruption. (Voir au 17 courant.)

ESPAGNE : Coup de main accompli sur la ville de Cervera, par une bande de 200 carlistes.

ÉTATS ROMAINS : Évasion de Don Miguel, qui s'embarque à Porto d'Anzio, afin d'aller se mettre à la tête de l'insurrection portugaise.

HOLLANDE : Présentation à la première chambre des États généraux du nouveau Code pénal relatif à l'emprisonnement cellulaire. — Protestation du journal officiel de La Haye, contre l'occupation de l'île Labouan par les Anglais.

WURTEMBERG : Le roi déclare que, s'il maintient la censure, c'est uniquement pour obéir à la législation fédérale, mais qu'il va d'ailleurs s'occuper d'en obtenir la suppression.

MARS.

2. — BAVIÈRE : Protestation du ministère bavarrois, présidé par M. d'Abel, contre la promesse d'indigénat faite par le roi à la sénora Lolla Montès, sa favorite. — Troubles à Munich à la suite de cette protestation (11).

FRANCE : Présentation d'un projet de loi portant demande d'une allocation extraordinaire de 4 millions, pour subvenir aux travaux d'utilité communale entrepris dans l'intérêt de la classe ouvrière.

4.—ÉTATS-UNIS : Vote par le congrès de deux bills, l'un portant emploi de 3 millions de dollars pour négocier la paix avec les États-Unis; l'autre autorisant la nomination d'officiers supplémentaires dans l'armée. Le congrès témoigne de son désir de pousser activement la guerre du Mexique.

FRANCE : Condamnation des accusés de Buzançais. Trois des accusés sont condamnés à la peine de mort, cinq aux travaux forcés à perpétuité; tous les autres, à l'exception d'un seul, aux travaux forcés à temps ou à la réclusion.

6. — ESPAGNE : Le cabinet donne sa démission, sur le refus fait par la reine de remplacer par le général Pavia le général Manuel Breton, capitaine-général de la Catalogne, auteur d'un *bando* sanguinaire contre les factieux, et d'appeler le général Manuel Concha à la capitainerie de la Vieille-Castille.

8. — ESPAGNE : Retrait de la démission des ministres. — Le général Pavia remplace en Catalogne le général Breton. — Le général Manuel de la Concha est nommé capitaine-général de la Catalogne.

FRANCE : Proposition de M. Duvergier de Hauranne ayant pour objet l'extension du droit électoral.

HAÏTI : Mort du président Richer. Nomination du général Soulouques à la présidence.

9. — FRANCE : Présentation à la Chambre des pairs d'un projet de loi relatif à l'organisation canonique et légal du chapitre de Saint-Denis, et tendant à distraire ce chapitre de la juridiction de l'archevêque de Paris (12). — Adoption par la Chambre des députés, du projet de loi portant demande d'un crédit de 4 millions, pour subvenir aux travaux d'utilité communale.

10. — MEXIQUE : Débarquement du général américain Scott, à la tête de 12,000 hommes,

et investissement de la place de la Vera-Cruz.

11.—ALLEMAGNE : Proposition faite, au nom de la Prusse, par le comte de Doenhoff, président de la diète de Francfort, d'abolir la censure et d'établir la liberté de la presse par une loi fédérale très sévère, mais fondée sur le système répressif et non préventif.

FRANCE : Présentation à la Chambre des pairs du projet de loi portant demande d'un crédit de 4 millions pour travaux d'utilité communale, déjà adopté par la Chambre des députés. Adoption d'urgence. — Mort de M. Martin (du Nord), garde des sceaux, ministre de la justice et des cultes.

12. — FRANCE : Proposition de M. Lahaye-Jousselin, relative aux défrichemens.

13. — FRANCE : Discussion de la proposition de M. de Remilly, concernant l'impôt à établir contre la race canine. Rejet. — Discussion du projet de loi tendant à mettre à la disposition d'une compagnie quatre bâtimens à vapeur de l'État, de la force de 450 chevaux, pour établir un service de correspondance entre le Havre et New-York.

14. — FRANCE : Nomination de M. Hébert, procureur général près la Cour royale de Paris, et député, aux fonctions de garde des sceaux.

15. — ESPAGNE : Le ministère demande au sénat l'autorisation de traduire devant un conseil de guerre le général Serrano, pour avoir refusé d'obtempérer à l'ordre de se rendre en Navarre comme inspecteur des troupes (13).

FRANCE : Adoption par la Chambre des députés de la loi sur les paquebots du Havre à New-York.

16.—FRANCE : L'empereur de Russie achète à la Banque de France des rentes pour une somme de 50 millions, au taux de 115 fr. 90 c.

17. — FRANCE : La proposition de M. Delahaye-Jousselin, relative aux défrichemens, est repoussée, conformément à l'opinion émise par M. le ministre du commerce. — Dépôt d'un projet de loi sur les relais de poste (14).

20. — ESPAGNE : Citation faite au général Serrano par le sénat, pour avoir à comparaître devant lui dans le délai de 30 jours.

21. — FRANCE : Ordonnance qui règle la composition du corps royal de l'artillerie de marine. Il se composera d'un régiment dont l'effectif complet, sur le pied de paix, sera de 3,430 hommes. — Autre ordonnance qui dispose que le corps d'infanterie de marine

se composera de trois régimens formant un total de 15,918 hommes.

Grèce : Apparition au Pirée d'une escadre anglaise chargée d'appuyer les réclamations de l'Angleterre, concernant les arrérages de l'emprunt grec dus au gouvernement anglais.

22. — France : Présentation à la Chambre des pairs du projet de loi relatif au service des paquebots transatlantiques. Adoption. — Nomination de M. Léon de Malleville, député de l'opposition, à la vice-présidence de la Chambre des députés, en remplacement de M. Hébert, nommé garde des sceaux. — Nomination de M. Delangle, avocat général à la Cour de cassation, aux fonctions de procureur général près la Cour royale de Paris, en remplacement de M. Hébert.

23. — France : La Chambre des députés autorise la lecture de la proposition de M. Chapuis de Montlaville, tendant à supprimer l'impôt du timbre pour les journaux qui ne publient pas de feuilletons-romans, et de celles de MM. de Glais-Bizoin et de Girardin, ayant pour objet de remplacer cet impôt par une taxe postale.

24. — Angleterre : Jeûne expiatoire ordonné par la reine Victoria, à l'occasion des désastres de l'Irlande.

26. — FRANCE : Après cinq jours de discussion, la proposition de M. Duvergier de Hauranne, relative à l'extension de la loi électorale, est rejetée par une majorité de 252 voix contre 154, sur la déclaration du minstère qu'il fait de cette proposition une question de cabinet.

ILES SANDWICH : Traité conclu à Onololu avec le gouvernement des îles Sandwich, touchant les droits imposés aux marchandises françaises et la juridiction à laquelle seront soumis les Français accusés d'un crime ou d'un délit commis sur le territoire des îles Sandwich.

27. — FRANCE : Nomination de M. le contre-amiral Lainé au grade de vice-amiral.

28. — FRANCE : Proposition faite à la Chambre des députés par M. de Rémusat, relativement à l'exclusion de certains fonctionnaires publics des fonctions de député.

29. — MEXIQUE : Les Américains prennent sans coup férir possession de la Vera-Cruz et du château d'Ulloa.

PORTUGAL : Le général Sa da Bandeira franchit la barre du Douro avec 1,500 hommes de troupes.

30. — FRANCE : Adoption par la Chambre des pairs, à la majorité de 103 voix contre 22, du projet de loi relatif à l'avancement des lieutenans nommés à des fonctions spéciales, telles que celles d'adjudant-major, dans les corps de troupes. — Mort du prince Jules de Polignac, âgé de soixante-dix ans, dernier président du conseil des ministres sous la Restauration.

PRUSSE : Patente royale relative à la liberté religieuse et à la conservation par les sujets prussiens des droits et des honneurs civils, alors même qu'ils abandonnent la communion admise par l'État (15).

31. — FRANCE : Adoption à la Chambre des députés de la loi sur les pensions civiles, remaniée par la commission et par la Chambre.

BAVIÈRE : Démission du ministère, provoquée par le favoritisme du roi à l'égard de Mlle Lolla Montès. — Disgrâce du parti jésuite, arrivée aux affaires du parti libéral.

ÉTATS-UNIS : Édit du pape Pie IX, concernant les adoucissemens apportés à l'exercice de la censure.

INDE : Mort d'Aghbar-Ghan, fils aîné de Dort-Mohammed, souverain du Kaboul, et qui détruisit en 1842 l'armée anglaise commandée par lord Elphinston.

NAPLES : Réconciliation du prince de Capoue avec le roi de Naples, son frère. Son mariage avec miss Pénélope Smith est reconnu comme mariage morganatique. Il pourra transmettre à ses enfans ses titres et ses droits, sauf celui d'hériter de la couronne.

RIO DE LA PLATA : Assassinat de don Manuel Rodriguez, ministre de Bolivie près la république Argentine, tué à Buenos-Ayres. — Prise de la place du Sulta par Servando Gomez, lieutenant d'Oribe.

AVRIL.

1er. — ESPAGNE : Le général Serrano se présente devant le fiscal, chargé d'examiner sa cause. — Installation du nouveau ministère Pacheco.

FRANCE : Présentation à la Chambre des députés d'un projet de loi sur l'enseignement du droit.

SUISSE : Acceptation par Bâle-Ville de sa nouvelle constitution, à la majorité de 1,448 voix contre 179.

4. — CHINE : Sir John Davis, plénipotentiaire anglais en Chine, fatigué des lenteurs du gouvernement chinois à exécuter le traité de 1842 et à faire droit à ses réclamations touchant diverses atteintes aux droits des gens, commises par les indigènes vis-à-vis des Anglais, apparaît à Canton à la tête d'un millier d'hommes, tirés de la garnison de Hong-Kong, après avoir démantelé ou détruit presque sans coup férir toutes les fortifications qui défendent les abords de la ville; il somme le commissaire chinois Ki-ing de venir s'entendre avec lui concernant les conditions qu'il prétend lui imposer.

5. — FRANCE : Le gouvernement français fait défense à ses nationaux d'accepter les lettres de marque offertes par le Mexique pour courre sus aux navires américains.

6. — CHINE : Après une courte hésitation, Ki-Ing se rend au rendez-vous assigné par sir John Davis et se soumet à toutes les conditions exigées.

FRANCE : Vote sans discussion du projet de loi relatif à l'allocation de 500,000 fr. en faveur de la gendarmerie.

8. — ANGLETERRE : La Banque élève de 4 à 5 p. 0/0 l'intérêt de son escompte.

FRANCE : Vote avec amendement de la loi qui accorde au gouvernement le droit de concéder au détenteur les terrains usurpés sur les rives et forêts domaniales, et sur les parties du domaine de l'État étrangères au sol forestier, quand il s'agit d'une contenance égale ou inférieure à 5 hectares.

MONTEVIDEO : Débarquement de M. Walewski et de lord Howden, plénipotentiaires français et anglais, chargés de régler définitivement les rapports de la république argentine avec les puissances européennes et la république de Orientale (Montevideo).

PRUSSE : Patente royale pour servir de réglement à la diète réunie.

10. — FRANCE : Explications présentées à la Chambre des députés par le ministère, touchant l'expédition projetée par le maréchal Bugeaud dans la Kabylie.

11. — PRUSSE : Ouverture de la diète générale du royaume.

12. — FRANCE : Adoption par la Chambre des députés de la loi sur la restitution des cautionnemens déposés par les compagnies de chemin de fer. — Présentation du projet de loi sur l'instruction secondaire.

PORTUGAL : La reine, pressée par l'insurrection, offre aux insurgés : 1° une amnistie complète ; 2° le rétablissement de la Charte ; 3° la convocation des cortès ; 4° un ministère mixte, composé des hommes modérés des deux partis.

RUSSIE : Ukase du czar, ordonnant l'achat de rentes anglaises pour une somme de 30 millions de roubles, équivalent à 113 millions 800 mille francs.

13. — ALGÉRIE : Bou-Maza se rend volontairement au colonel Saint-Arnaud (16).

14. — ESPAGNE : Élection de M. Reinoso, comme vice-président de la Chambre des députés, en remplacement de M. Salamanca, appelé au ministère des finances.

15.—COCHINCHINE : La division navale française commandée par le capitaine de vaisseau Lapierre et composée de la frégate la *Gloire* et de la corvette la *Victorieuse*, détruit dans la baie de Tourane cinq corvettes appartenant au roi de Cochinchine Thion-Thri, qui, non content de refuser les satisfactions demandées au nom de la France, protectrice naturelle des missionnaires français martyrisés et persécutés, méditait contre l'escadre une attaque par trahison. Un millier de Cochinchinois périssent dans la bataille. La perte des Français est insignifiante.

FLORIDE : Mort du prince Achille Murat, âgé de 46 ans, fils de l'ancien roi de Naples.

16. — FRANCE : La loi relative aux billets de banque, modifiée par un amandement qui abaisse à 200 fr. les moindres coupures de ces billets est adoptée par la Chambre des députés après quatre jours de discussion. — Exécution des condamnés de Buzançais.

17. — FRANCE : Discussion orageuse à la Chambre des députés, touchant une pétition qui réclame le rappel de la famille de Napoléon, le rétablissement de l'effigie de l'Empereur sur la croix de la Légion-d'Honneur et la restitution à la ville de Bourbon-Vendée du nom de son fondateur. Nonobstant la résistance du ministère, cette pétition est ren-

voyée au conseil des ministres à une majorité considérable.

Prusse : La diète vote une adresse au roi Guillaume IV dans un sens respectueux, mais empreinte d'un esprit visiblement libéral.

18. — **Angleterre** : Adoption par la Chambre des communes du bill de secours des pauvres en Irlande.

Mexique : Prise de Tuspan par l'escadre américaine. La ville, démantelée, est abandonnée après une courte occupation.

19. — **Turquie** : L'ambassadeur russe à Constantinople, M. Titoff, place les sujets grecs sous sa protection.

20. — **France** : Rejet par la Chambre des députés de la proposition de M. Rémusat touchant les incompatibilités.

Portugal : Débarquement à Lisbonne de détachemens des équipages anglais, destinés à protéger la reine et la famille royale, menacées par l'insurrection.

21. — **Suisse** : Adoption de la nouvelle constitution par le grand conseil de Genève, à la majorité de 50 voix contre 14.

22. — **Portugal** : Arrangement conclu entre la reine et la junte sous la médiation de l'Angleterre.

23. — **Prusse** : Présentation de l'adresse au

roi. Le roi promet de convoquer la diète tous les 4 ans.

24. —.FRANCE : Adoption par la Chambre des députés du projet de loi relatif aux irrigations.— Arrivée de Bou-Maza en France.

26. — FRANCE : Une pétition pour l'émancipation des esclaves aux colonies est renvoyée à la presqu'unanimité par la Chambre des députés au président du conseil, au ministre de la marine et au garde des sceaux.

27. — FRANCE : Adoption par la Chambre des députés du chapitre des fonds secrets à la majorité de 220 voix contre 56. — Le marquis d'Audiffret, pair de France, est nommé président de la commission de surveillance de la caisse d'amortissement et de celle des dépôts et consignations, en remplacement de M. le comte Roy, décédé.

PORTUGAL : Nouveau ministère, ainsi composé : Affaires étrangères, M. Bayard ; justice, M. Leitao ; intérieur, M. Proense ; finances et marine, M. Tojal ; guerre, M. le baron da Ponte da Barca.

28. — FRANCE : Adoption par la Chambre des députés du projet de loi sur les pensions militaires ; et d'un autre projet de loi relatif au paiement des arrérages de l'emprunt grec, garanti par la France.

PRUSSE : Mémoire revêtu de la signature d'un grand nombre des députés de la diète, qui déclare que la patente royale du 3 février est en désaccord avec les lois de 1813, 1820 et 1823.

30.— AUTRICHE : Mort de l'archiduc Charles, célèbre par sa lutte contre Napoléon.

———

ANGLETERRE : Bill voté par les communes, pour l'éducation nationale; les catholiques sont exclus de la participation des fonds votés pour cet objet.

ESPAGNE : La reine, sur le rapport du fiscal et de l'avis du conseil des ministres, déclare qu'il n'y a lieu à suivre l'affaire intentée au général Serrano. — Rentrée en grâce de M. Olozaga, qui reprend son siége aux cortès.

HANÔVRE : Ordonnance du roi Ernest, qui proroge l'assemblée des États et leur refuse la publicité des séances.

ITALIE : Circulaire du souverain pontife, annonçant l'intention d'établir une représentation nationale.

PORTUGAL : Demande d'intervention adressée à la reine d'Espagne, par l'ambassadeur de Dona Maria, en vertu du traité de la quadruple alliance.

TURQUIE : M. Argyropoulos, ministre de Grèce à Constantinople, s'embarque pour la Grèce avec sa légation.

MAI.

1er. — ESPAGNE : Le prince don Henry, fils de l'infant don Francesco, épouse, à Rome, Mlle de Castellar, nonobstant la résistance de la reine.

FRANCE : Nomination des maréchaux de camp Aupick et Randon au grade de lieutenant-général.

PRUSSE : Séance orageuse de la diète touchant l'interdiction de siéger à la diète, imposée à tout homme frappé d'une condamnation. Un membre propose une exception en faveur des condamnés pour délit politique. Cet amendement repoussé par le gouvernement est appuyé par une majorité de 62 voix, inférieure toutefois à la majorité des deux tiers exigés par les réglemens.

2. — CHINE : Châtiment infligé, sur la demande de sir John Davis, aux sujets chinois coupables d'insultes contre des Anglais.

3. — BRÉSIL : Ouverture des chambres législatives par l'empereur.

FRANCE : Proposition présentée à la Chambre des députés par M. Crémieux, portant qu'aucun membre des deux chambres ne peut être adjudicataire ou administrateur d'aucune concession de chemins de fer ou autre concession faite par la loi ou par le gouvernement. Rejet.

RUSSIE : Combat de Hyunl-Yourt, sur l'Assa. Le lieutenant-colonel Sleptsoff, à la tête d'un bataillon de grenadiers, de 700 cosaques et de deux bombes à feu, met en déroute 5,000 montagnards commandés par Nour-Ali, lieutenant de Schamil. (Extrait du *Journal de Saint-Pétersbourg*) (17).

4. — FRANCE : Rejet par la Chambre des pairs du projet de loi relatif aux substitutions et aux remplacemens militaires, à la majorité de 116 voix contre 40. — Dépôt fait à la Chambre des députés, par M. le ministre de la guerre, des pièces de l'enquête relative à l'affaire Benier (18). — Acquittement de MM. Boutmy, Bouyer, Villard, Rioublanc et Baraige, accusés, le premier d'achat, les deux autres de vente de suffrage, et les derniers de complicité dans l'élection de Pontarieux (Creuse).

PRUSSE : La loi sur les incapacités de siéger dans les États est repoussée, dans la deuxième curie, par une majorité inférieure aux deux tiers; elle doit être portée, en vertu de la constitution, à la première curie (des seigneurs), et, s'il y a conflit, le roi prononce. — Refus de l'*imprimatur* fait à la protestation du 28 avril.

5. — ANGLETERRE : Adoption , par la Chambre des communes, du bill qui limite à dix heures le travail des femmes et des enfans dans les manufactures.

ESPAGNE : Suspension des séances des cortès, par décret royal, en vertu de l'article 26 de la constitution.

FRANCE : Arrivée de Bou-Maza à Paris.

PRUSSE : Vote, à la majorité des deux tiers, d'un article modificatif du réglement qui porte que les secrétaires de la diète seront nommés par la diète elle-même.

6. — FRANCE : Ordonnance tendant à saisir la Chambre des pairs d'une accusation contre M. Despans-Cubières, lieutenant-général, pair de France, ancien ministre, inculpé, à raison de faits qualifiés crimes et délits par les articles 179 et 405 du Code pénal, en d'autres termes, prévenu de tentative de corruption et d'escroquerie (19).

ITALIE : Le grand-duc de Toscane rend un édit qui modifie la législation existante sur la censure, qui permet la publication de journaux politiques et autorise la discussion sur les affaires publiques, et même sur les actes du gouvernement.

7.—ALGÉRIE : Entrée en campagne du corps d'armée destiné à agir contre la Kabylie.

ESPAGNE : Tentative d'assassinat accomplie sur la reine par un homme de lettres, M. Angel de la Riva y Berra Hondo, qui lui tire deux coups de pistolet. Arrestation de l'assassin.—Mort de M. Castro y Orosco, marquis de Girone, président du congrès, et l'un des chefs du parti modéré.

FRANCE : Mise en accusation, par la Cour des pairs, de M. le lieutenant-général Despans-Cubières, prévenu de corruption et d'escroquerie. — Remaniement ministériel, remplacement de MM. Lacave-Laplagne, Moline de Saint-Yon et de Mackau : M. Dumon, ministre secrétaire d'État au département des travaux publics, est nommé ministre secrétaire d'État au département des finances, en remplacement de M. Lacave-Laplagne. M. Trézel, pair de France, lieutenant-général, commandant la 12ᵉ division militaire, est nommé ministre secrétaire d'État au département de la guerre, en remplacement de M. le lieutenant-général Moline de Saint-Yon, dont la démission est acceptée. M. le duc de Montebello, pair de France, ambassadeur près Sa

Majesté le roi des Deux-Siciles, est nommé
ministre secrétaire d'État au département de
la marine et des colonies, en remplacement
de M. le vice-amiral baron de Mackau, dont
la démission est acceptée. M. Jayr, pair de
France, préfet du département du Rhône, est
nommé ministre secrétaire d'État au département des travaux publics, en remplacement de M. Dumon, appelé au ministère des
finances. M. Guizot, ministre secrétaire d'État
au département des affaires étrangères, est
chargé, par intérim, du ministère de la marine et des colonies pendant l'absence de
M. le duc de Montebello. Les trois nouveaux
ministres, MM. Trézel, Jayr et de Montebello,
absens de Paris, sont mandés par le télé-
graphe. Les ministres sortans sont MM. Lacave-Laplagne, de Mackau et Moline de Saint-
Yon. Les ministres restans sont MM. Guizot,
Cunin-Gridaine, Hébert, Duchâtel et Dumon,
sous la présidence de M. le maréchal Soult.

PORTUGAL : Arrivée du colonel Wild et du
marquis de Espana à Oporto, dans le but de
négocier un arrangement entre la reine et la
junte.

10. — FRANCE : Adoption, après une vive
discussion, du projet de loi des crédits supplémentaires et extraordinaires de 1846-1847

11. — **Belgique** : Clôture de la session.

Mexique : Proclamation pacifique du général américain Scott aux Mexicains. Santa Anna organise la guerre de guérillas.

Prusse : Rejet, par la seconde curie de la diète, de la loi qui rétablit le droit d'aînesse et les légitimes.

12. — **France** : Arrivée de M. le lieutenant-général Trézel, ministre de la guerre, et de M. Jayr, ministre des travaux publics, à Paris. — Vote par la Chambre des députés du projet de loi relatif à un appel de 80,000 hommes sur la classe de 1847. Majorité, 234 contre 4.

Prusse : La diète repousse, à une grande majorité, le projet de loi des banques, et exprime la résolution de n'accorder aucune garantie financière jusqu'à ce qu'on lui ait reconnu tous les droits qu'elle tient de la législation antérieure à la patente du 3 février.

13. — **France** : Loi présentée à la Chambre des pairs, et ayant pour objet de proroger jusqu'au 31 octobre 1847 l'entrée en franchise accordée aux céréales, jusqu'au 31 juillet par la loi du 18 janvier dernier.

14. — **Angleterre** : Le bill de secours pour les pauvres d'Irlande est adopté, après

certaine résistance par la Chambre des lords.

15. — FRANCE : Adoption par la Chambre des députés de la loi relative à un crédit pour les agens inférieurs du service actif des douanes. — Mort de M. le marquis d'Aligre, pair, et l'un des plus riches propriétaires territoriaux de France.

ITALIE : Mort de Daniel O'Connell, décédé à Gènes.

PORTUGAL : Rejet par la junte des quatre propositions de la reine, transmises par le colonel Wilde.

16. — ALGÉRIE : Combat de la colonne aux ordres du général Bedeau contre les Kabyles. L'ennemi est chassé de ses positions après un court engagement.

ANGLETERRE : Mort du comte Besborough, lord-lieutenant d'Irlande.

CIRCASSIE : Prise et destruction par les Circassiens de la forteresse russe de Kirckalche, située sur le Kouban.

18. — ALGÉRIE : Nouvelle défaite des Kabyles par le général français Bedeau, après une escarmouche assez meurtrière. Soumission des tribus maltraitées.

FRANCE : Présentation à la Chambre des députés d'une loi portant demande de crédit pour l'achèvement des chemins de fer de Paris à Lille et de Lille à Valenciennes, d'Avignon à Marseille et d'Orléans à Vierzon.

MEXIQUE : Défaite complète de Santa Anna à Cerro-Gordo par l'armée mexicaine aux ordres du général Scott. Santa Anna laisse sur le champ de bataille 900 hommes tués, 5 à 6,000 prisonniers et tous ses bagages.

19. — MEXIQUE : Entrée de Santa Anna à Mexico après sa défaite de Cerro-Gordo. Il est reçu par le peuple avec des huées et des cris de mort.

PRUSSE : La diète déclare que le droit de pétition appartient à tout citoyen, que les pétitions peuvent embrasser toutes les questions politiques et qu'il suffit, pour arriver jusqu'au trône, qu'elles obtiennent la simple majorité des voix.

20. — CIRCASSIE : Prise de Gergebel, forteresse russe, par les Circassiens.

FRANCE : Vote à la Chambre des députés du projet de loi relatif aux relais de poste, amendé par la commission et réduit, de 1,125,000 fr. de crédit, à 525,000 fr. — Adoption par la Chambre des pairs, après une discussion de quatre jours, de la loi relative au chapitre royal de Saint-Denis. 100 contre 59.

22. — BRÉSIL : Changement de ministère

par suite de la démission de M. Rollando Ca-
bicanti, ministre des finances. Les nouveaux
membres du cabinet sont : intérieur, J. M. de
Brilho; justice, C. M. Lopez Gama; finances,
A. J. Fernandez Torres; guerre, J. P. dos
Santos Baretto; marine, le même par intérim.

FRANCE : Renvoi à M. le ministre de
l'intérieur d'une proposition relative aux
réformes concernant les enfans trouvés, les
monts-de-piété, l'extinction de la mendicité
et le travail des enfans dans les manufactures.

23. — FRANCE : Mort de M. Ganneron, président du tribunal de commerce lors de la
révolution de juillet.

PORTUGAL : Combat sans résultat entre
les deux bâtimens qui bloquent Oporto pour
la reine de Portugal et les steamers de la
junte.

24. — ALGÉRIE : Soumission des principales
tribus de la Kabylie, et leur organisation sous
la domination de la France par le maréchal
Bugeaud.

CHINE : Décret de l'empereur de la Chine
touchant les événemens accomplis à Canton.
L'empereur, tout en envisageant avec indul-
gence l'attaque opérée par sir John Davis et

ses conséquences, ordonne de sévir contre les officiers chargés de la défense des forts abandonnés au pouvoir des Anglais.

États-Romains : Circulaire adressée aux évêques par Pie IX, dans laquelle le saint-père donne son approbation à la création de salles d'asile destinées à l'enfance.

France : Rejet de la proposition de M. Glais-Bizoin sur la réforme postale.

Suisse : Votation de la nouvelle constitution de Genève. Adoption par 5,527 votans contre 2,356.

26. — Algérie : Rentrée du maréchal Bugeaud à Alger, après l'expédition victorieuse de la Kabylie.

Bavière : Ordonnance éminemment libérale du roi de Bavière, qui sépare à l'avenir la justice de l'administration, établit la publicité des débats judiciaires, et institue près des tribunaux un ministère public.

France : Adoption par la Chambre des pairs de la loi qui abaisse à 200 fr. la moindre coupure des billets de la Banque de France.

27. — Algérie : Rapport du maréchal Bugeaud sur l'expédition de la Kabylie et sur ses résultats présens et à venir.

France : Rejet par la Chambre des députés

e la proposition concernant la réduction de
la taxe des lettres à un droit uniforme de
20 centimes.

28. — Mexique : Santa Anna, abandonné
par l'opinion publique, résigne ses fonctions
de président et de dictateur.

29. — France : Mort du maréchal Grouchy,
décédé à Saint-Étienne, à l'âge de 82 ans.

Suisse, Genève : Nomination du conseil
d'État, exclusivement composé des membres
du gouvernement provisoire institué à la
suite de la révolution du 7 octobre.

30. — Espagne : Entrée solennelle de
S. S. Mgr Jean Brunelli, délégué apostolique
à Madrid, et chargé d'aplanir les dissentimens
du saint-siége avec la cour d'Espagne.

Portugal : Embarquement à Oporto du
comte Das Antas, président de la junte insur-
rectionnelle, avec 2,000 hommes destinés à
tenter un coup de main sur Lisbonne.

Prusse : Ordonnance du roi de Prusse, qui
crée des conseils de discipline pour chaque
barreau et chaque corporation de procureurs
et de notaires.

31. — Écosse : Mort du docteur Chalmers,
chef de l'église libre d'Écosse et principal
promoteur de la scission de l'église presby-
térienne en 1843.

ITALIE : Le duc de Modène, François V, cède à l'Autriche deux petites îles fortifiées, sises sur le Pô, et faisant partie du système de défense de Brescello.

PORTUGAL : Capture de la flotte et des forces sous les ordres du comte Das Antas par l'escadre anglo-espagnole mouillée devant Oporto. Le comte Das Antas et ses troupes sont conduits à Lisbonne, malgré leurs protestations, et placés sous la garde de l'Angleterre.

SUISSE : Nomination de M. Ochsenbein, ancien commandant des corps francs qui attaquèrent Lucerne, aux fonctions de président du vorort pour 1847.

———

ESPAGNE : Mort de Tristany et de Ros d'Éroles, célèbres chefs de bandes montemolinistes, pris et tués par les troupes de la reine Isabelle.

GRÈCE : Dissolution, par M. Coletti, de la Chambre des représentans.

PORTUGAL : Madère se prononce en faveur de la junte.

JUIN.

1er. — ESPAGNE : Décret de la reine Isabelle qui autorise la rentrée en Espagne de don Manuel Godoï, prince de la Paix, exilé depuis 1808, et nomme un conseil arbitral chargé de régler l'indemnité qui lui est due pour la confiscation de ses biens.

ITALIE : Mise en vigueur, dans le grand-duché de Toscane, de la nouvelle loi sur la censure. — Nomination de deux commissions chargées de la refonte des Codes civil et pénal. — Convocation d'une assemblée de notables à l'effet de réformer les institutions relatives à l'administration des communes.

SÉNÉGAL : Visite faite par le gouverneur du Sénégal dans le Bounout, afin d'établir des relations commerciales et politiques avec la reine de cette contrée.

2. — PORTUGAL : Entrée en Portugal des troupes auxiliaires espagnoles destinées à opérer en faveur de la reine Dona Maria.

PRUSSE : La diète, par un vote *unanime*, demande au roi de fixer à deux années la périodicité de sa convocation.

3. — ALLEMAGNE : Le duc d'Augustem-

bourg, moyennant une légère rétribution, affranchit de toutes corvées et de toutes prestations en nature les paysans de ses domaines.

FRANCE : M. de Pontois, pair de France, propose à la Chambre, dont il fait partie, de traduire à sa barre, conformément à la loi du 26 mai 1819, M. Émile de Girardin, gérant du journal *la Presse*. Cette proposition se base sur un article de *la Presse* où le ministère est accusé d'avoir laissé vendre, par un journal conservateur, une promesse de pairie au prix de 80,000 fr. La Chambre adopte. M. de Girardin appartenant à la représentation nationale, la Chambre des pairs demande par un message, à la Chambre des députés, dont M. de Girardin fait partie, l'autorisation de le faire comparaître à sa barre. — Arrivée à Paris de M. le duc de Montebello, nommé ministre de la marine. — Cessation de l'intérim du ministère de la marine.

ITALIE : Commission nommée par le saint-père pour l'amélioration du sort de ses sujets israélites.

PORTUGAL : Les forces espagnoles font lever le siége de Valence de Minho, bloqué par l'armée de la junte.

BRÉSIL : Nouveau ministère, ainsi composé :

finances, M. Alvez Branco ; justice, M. Nicolao Perura de Campas Verginero ; affaires étrangères, M. Saturnino de Souza et Oliveira ; intérieur, M. Alvez Branco.

4. — FRANCE : Adoption, sans discussion, par la Chambre des députés, du projet de loi portant acquisition de la propriété dite Chante-Grillet, sise près Saint-Étienne, pour y installer l'école des mineurs de cette ville. 280 voix contre 3. — Adoption par la même Chambre du projet de loi qui autorise le ministre des finances à porter, pendant l'exercice 1847, à 275 millions la somme des bons royaux fixés par le budget à 210 millions. — Mort du maréchal Grouchy.

PRUSSE : La deuxième curie de la diète prussienne rend trois votes d'une importance décisive. D'abord, la curie vote une pétition priant le roi de supprimer les comités généraux qui doivent, aux termes de la patente du 3 février, remplir les intervalles entre les diètes. Sur la proposition de M. Hansemann, la curie des trois États vote que les emprunts déjà contractés seront soumis à la sanction des États, comme les emprunts à venir. Un vote analogue a lieu sur les impôts directs et indirects. Enfin l'assemblée vote une dernière proposition ayant pour objet de prier le roi de ne changer aucune loi sans le consentement de la diète.

Portugal : Protestation de la junte portugaise contre l'introduction des troupes espagnoles et leur entrée sur le territoire portugais.

5. — Algérie : M. le maréchal Bugeaud s'embarque à Alger pour revenir en France, après avoir fait, dans une proclamation, ses adieux à l'armée et remis le commandement de la colonne expéditionnaire au général Bedeau. M. le général de Bar est nommé gouverneur par intérim.

Maroc : Abd-el-Kader, informé des intentions hostiles de l'empereur Muley-Abderrahaman à son égard, surprend durant la nuit les troupes marocaines envoyées pour le combattre, met en fuite le neveu de l'empereur, Muley-Hachem, qui les commande, tue 800 hommes, et fait trancher la tête au lieutenant de l'empereur, le caïd El-Hamar (20).

6. — Portugal : La junte d'Oporto, sans défense, se soumet aux propositions faites le 7 mai par le colonel Wilde. — Décret royal qui suspend encore pour un mois la liberté de la presse.

7. — Irlande : Dans la séance solennelle de l'association du rappel, à Dublin, le clergé

catholique de la conférence de Mullinger déclare reconnaître John O'Connell comme successeur de son père.

8. Hesse-Électorale : Ouverture de la diète, à Cassel, par le ministre de l'intérieur.

— Rio de la Plata : Arrivée du plénipotentiaire français, M. Waleuski, à Buénos-Ayres.

9. — Portugal : Proclamation de la reine Dona Maria portant amnistie pleine et entière pour tout Portugais arrêté ou accusé pour délit politique depuis le 6 octobre 1846; réintégration de tous les fonctionnaires et dignitaires destitués depuis la même date, dans les emplois et dignités dont, aux termes de la charte et des lois en vigueur, ils ne peuvent être privés qu'en vertu d'un jugement.

10.—Espagne : Lettre d'Espartero au journal espagnol *le Faro*, dans laquelle l'ex-régent se défend du projet qu'on lui prête de se faire gouverneur des îles Philippines et de les vendre à l'Angleterre.

France : Promulgation, 1° de la loi qui ouvre un crédit d'un million de francs pour complément aux dépenses secrètes de 1847; 2° de la loi relative au remboursement des cautionnemens versés par les compagnies concessionnaires de chemins de fer, remboursement qui pourra avoir lieu par dixième, et à mesure qu'elles auront exécuté des travaux, ou justifié, par des actes authentiques, d'avoir acquis et payé des terrains pour des sommes doubles au moins de celles dont elles réclameront la restitution.

Haïti : Nouveau traité conclu par M. Levasseur, consul de France, avec le président d'Haïti. La république, qui devait, en vertu de l'ancien traité, payer à la France 12 millions de dollars, de 1838 à 1867, se verra affranchie de toute réclamation jusqu'en 1849, à la condition de réserver la moitié de ses revenus annuels provenant des droits d'importation, à titre de fonds inaliénable pour payer la dette française.

Portugal : Arrivée à Lisbonne du marquis de Loulé, chargé des propositions de la junte. La reine refuse de le recevoir.

Prusse : La diète rejette le projet de loi tendant à remplacer les droits d'abattage et de mouture par une taxe sur le revenu. Les États veulent, avant tout, vider la question des droits constitutionnels.

11. — France : Élévation de l'archevêque de Bourges, M. Dupont, et de l'archevêque de Cambrai, M. Giraud, à la dignité de cardinal. — Retrait de la loi présentée à la

Chambre des députés, sur la colonisation militaire en Algérie.

PORTUGAL : Promenade militaire à Campo-Mayor d'un petit corps d'armée espagnol parti de Badajoz. — Occupation de Bragance par une division de l'armée du général Concha.

13. — ESPAGNE : Décret de la reine Isabelle qui ordonne aux procureurs fiscaux de poursuivre tous les écrits qui mettraient en question les droits de successibilité de l'infante, duchesse de Montpensier, au trône de sa sœur. — Ordonnances qui constituent l'ensemble de la nouvelle organisation des finances et autorisent la vente aux enchères des biens appartenant aux maîtrises des quatre ordres militaires et de celui de Saint-Jean de Jérusalem, et montant à 47 millions de francs.

14. — ITALIE : Décret du pape, dit *proprio motu*, qui institue à Rome un conseil de ministres, composé du cardinal secrétaire d'État, du cardinal camerlingue, du cardinal préfet des eaux et routes, de l'auditeur de la chambre, du gouverneur de Rome, du trésorier général et du président des armes. Le cardinal secrétaire d'État est nommé président de droit du conseil.

15. — BELGIQUE : A la suite d'élections peu

favorables au parti maître du pouvoir, le ministère en masse offre au roi sa démission.

CIRCASSIE : Échec grave éprouvé par les Russes aux ordres du maréchal Woronzoff, devant le fort de Gergebel, près du fleuve de Kara-Koïssou.

FRANCE : La Chambre des députés, sur la proposition de M. de Mesmay, vote, malgré la résistance du ministère, la réduction de la taxe du sel de trois décimes à un décime par kilogramme, à dater du 1er janvier 1849. — Promulgation de la loi qui abaisse à 200 fr. la moindre coupure des billets de la Banque de France et de ses comptoirs dans les départemens. — La Chambre des pairs, après une discussion animée, renvoie au bureau des renseignemens la pétition par laquelle Jérôme Bonaparte, frère de l'Empereur, demande l'abolissement de la loi du 10 avril 1832, qui bannit la famille impériale du territoire français.

PORTUGAL : Capitulation du duc de Sa da Bandeira et du comte Mello, qui se rendent prisonniers de guerre avec 300 hommes entre les mains de l'amiral anglais.

PRUSSE : La diète, après deux jours de débats, rejette, à la majorité de 219 voix contre

218, la motion de l'émancipation politique des israélites.

17. — **ALLEMAGNE** : Approbation donnée par la diète germanique à la conduite des cours d'Autriche et de Prusse, dans l'affaire de Cracovie.

FRANCE : Autorisation donnée par la Chambre des députés, après un débat très orageux, de traduire à la barre de la Chambre des pairs M. Emile de Girardin.

FRANCFORT : Approbation donnée par la diète germanique aux mesures prises par les cours d'Autriche, de Prusse et de Russie, relativement à la république de Cracovie.

SUISSE : Le grand conseil de Lucerne adopte les résolutions suivantes : 1° le conseil exécutif est chargé d'inspecter immédiatement le landsturm dans tout le canton, et de passer en revue toutes les forces disponibles, ainsi que d'examiner le matériel; 2° le conseil exécutif devra prendre toutes les mesures nécessaires pour garantir la sûreté et l'indépendance du canton. Un crédit lui est ouvert à cet effet sur le trésor public.

18. — **FRANCE** : La Chambre des députés vote la prorogation, jusqu'au 31 janvier 1848, des lois qui ont autorisé l'importation en franchise des céréales par toute espèce de navires.

— La Chambre des députés annonce par un messager, à la Chambre des pairs, qu'elle autorise les poursuites dirigées contre M. de Girardin. La Chambre des pairs fixe l'affaire au 22 juin.

19. — ANGLETERRE : Convention conclue à Londres entre lord Palmerston et M. de Jarnac, représentant l'Angleterre et la France, et par laquelle les deux gouvernemens reconnaissent l'indépendance des îles Huahina, Kaïareiea, Borabora, et des îles adjacentes dans la mer Pacifique, et s'engagent à n'en jamais prendre possession sous quelque forme que ce soit.

FRANCE : Présentation de deux projets de loi dont l'objet est d'améliorer la situation financière des compagnies des chemins de fer de Dieppe et de Montereau à Troyes, et d'un troisième projet de loi destiné à utiliser les travaux faits par l'État jusqu'à Chartres.

21. — FRANCE : Vote par la chambre des députés du projet de loi relatif à la juridiction devant laquelle seront soumis, dans les colonies françaises, les crimes commis envers les esclaves (21).

22. — ALLEMAGNE : La diète de Moravie

adopte une loi sur le rachat des corvées.

Angleterre : Vote par la Chambre des communes, à la majorité de 81 voix contre 26, du bill contre les personnes qui emploient des manœuvres coupables pour favoriser la prostitution.

Espagne : Mort du cardinal de Siene Fuegos, archevêque de Séville, décédé à Alicante.

États-Romains : Proclamation du pape qui déclare que, tout en continuant les réformes commencées dans l'ordre administratif, il n'y sera procédé qu'avec lenteur et circonspection.

France : Nomination de M. le comte Dejean aux fonctions de directeur général des postes, en remplacement de M. Conte, admis à la retraite. — Publication de la loi qui porte à 276 millions la somme des bons royaux en circulation, et de celle qui ouvre un crédit de 500,000 fr. pour secours aux sous-officiers et préposés des douanes nécessiteux. — Acquittement de M. Emile de Girardin par la Chambre des pairs, à la majorité de 134 voix contre 65, sur la déclaration de l'accusé qu'il n'a point entendu insulter la Chambre et qu'il professe pour elle et ses membres le plus profond respect.

Portugal : Entrée d'un nouveau corps d'armée espagnol de 5,000 hommes, sous les ordres du général Nozagaray.

Prusse : La première et la deuxième curie s'accordent sur la périodicité des réunions de la diète, en laissant toutefois au roi le droit d'en fixer les époques. — Ordre du cabinet qui prolonge indéfiniment la session de la diète générale.

24. — France : Séance orageuse à la Chambre des députés. M. de Girardin demande au ministère des explications sur les faits annoncés dans la *Presse* et qui ont motivé la citation du gérant devant la Cour des pairs. Après des débats tumultueux, la Chambre, sur la proposition de M. de Morny, se déclare satisfaite des explications du ministère, à la majorité de 225 voix contre 102.

Portugal : Arrivée des espagnols sous les murs d'Oporto. Retraite des troupes de la junte.

Prusse : Le roi déclare à la diète qu'il ne contractera aucun emprunt sans autorisation de la diète générale et renouvelle la promesse de la rassembler de nouveau dans le délai de quatre ans. Mais il ordonne la nomination des comités dont la diète a désapprouvé la formation. (Voir le 4 courant.)

25. — FRANCE : Arrêt de la Cour des pairs qui met en accusation MM. le général Cubières, pair de France, Pellapra, ancien recevour général, Parmentier et Teste, ci-devant ministre, comme coupables, les trois premiers de tentation de corruption, et le dernier de prévarication dans l'exercice de ses fonctions ministérielles.

PRUSSE : Nomination des comités quadriennaux ou auschüsse.

26. — PORTUGAL : Conférence entre les représentans de France, d'Espagne, d'Angleterre, de la reine de Portugal et les plénipotentiaires de la junte, pour la reddition d'Oporto. Les pourparlers sont rompus sans qu'on ait pu tomber d'accord. Le général Concha, commandant des troupes espagnoles, annonce qu'il va donner l'assaut à la ville.

PRUSSE : Clôture de la diète, après onze semaines de durée, en vertu d'un rescrit royal prononçant la fin de la session. Une phrase comminatoire dirigée contre certains membres de l'opposition excite quelques murmures parmi les députés.

28. — ALLEMAGNE : Pétition des États de Bohême à l'empereur d'Autriche, pour obtenir l'abolition ou l'adoucissement de la censure.

FRANCE : Adoption, à la majorité de 231 voix contre 6, du projet de loi portant que les dispositions transitoires du titre 15 du Code forestier relatives au défrichement, continueront d'être exécutées jusqu'au 31 juillet 1850.

30. — ESPAGNE : Disgrâce de l'Infant don François de Paule. — Acte d'accusation du fiscal contre don Angel de la Riva, accusé de tentative d'assassinat sur la personne de la reine.

PORTUGAL : Entrée des Espagnols commandés par le général Concha à Oporto, à la suite de la soumission, sans conditions, de la junte. Les troupes de la junte déposent les armes entre les mains des commissaires anglais et espagnols. Le duc de Terceira, retenu prisonnier depuis plusieurs mois par la junte, est mis en liberté et nommé gouverneur d'Oporto.

ESPAGNE : Prétendue scène entre l'infant don Francisco et la reine. Suivant certains journaux, l'infant don Francisco, père du roi, aurait attiré la reine à un rendez-vous, et là lui aurait déclaré qu'il faisait partie d'une société secrète dont les membres se seraient engagés, par serment, à l'assassiner si elle ne marchait pas dans les voies tracées par le programme de la société. Lui-même, aurait ajouté l'infant, était le troisième désigné par le sort pour exécuter sur la personne de la reine les ordres souverains de ce tribunal mystérieux.

Grèce : Le général Grivas lève l'étendard de la révolte et s'empare de Patechalia et de Plagias. L'insurrection se disperse devant les forces du gouvernement secondées par les habitans. — Dissolution de la chambre; nouvelles élections.

Hanôvre : Le général Prost est nommé ministre de la guerre en remplacement du comte de Kielmanseige, admis à la retraite. — Le roi Ernest refuse d'agréer le comte de Westphalen en qualité d'ambassadeur de Prusse, par le motif que ce diplomate professe la religion catholique.

Mexique : Entrée du général Scott à Puebla. — Élévation de Santa Anna à la dictature, sous la condition expresse qu'il ne conclura ni paix ni trève avec les États-Unis. Mexico se prépare pour une défense désespérée. — L'Union prévient le Mexique qu'elle vient d'adjoindre à l'armée d'invasion un plénipotentiaire autorisé à traiter de la paix.

ORIENT : Solution amiable du différent turco-persan. La Perse accepte presque complètement l'*ultimatum* de la Porte. — Mort de la princesse Rehié, une des filles du sultan, âgée de six ans.

PORTUGAL : Recomposition de la junte de Portugal, sous la présidence de Povoas et la vice-présidence de Passos — Envoi du marquis de Loulé à la reine, pour traiter directement avec elle et demander le changement de ministère; la reine refuse de recevoir l'envoyé.

NOTES

ET ÉCLAIRCISSEMENS.

----

(1) On sait qu'en vertu d'une convention conclue entre l'amiral français Dupetit-Thouars, Pomaré, reine de l'île de Taïti et de plusieurs îles environnantes, s'est placée sous le protectorat ou, en d'autres termes, sous la suzeraineté de la France. Mais excitée par les conseils du missionnaire anglais Pritchard, jaloux de l'influence française, Pomaré se repentit bientôt de s'être mise en tutelle et chercha à soulever ses sujets contre l'occupation. Il s'en suivit plusieurs révoltes qui causèrent la mort d'un certain nombre d'indigènes et de soldats de la garnison française. Pritchard fut arrêté et reconduit en Angle-

terre. Cet acte d'autorité donna lieu au rappel de l'amiral Dupetit-Thouars et à la nomination du capitaine Bruat, comme gouverneur de Taïti. A la suite de l'exil de son conseiller, la reine Pomaré déclare révoquer les conventions qu'elle avait conclues avec la France, et quitte Taïti pour Papeïti, île voisine, où elle vécut des secours que lui fournirent quelques chefs amis. Après son départ la population de Taïti se divise en deux partis, l'un soumis, l'autre rebelle à l'autorité française. La lutte dura long temps et donna lieu à plusieurs actions sanglantes. La prise d'un fort qui servait de retranchement aux révoltés, en leur enlevant tout moyen de défense, a mis fin à la résistance et soumis l'île entière à la nomination française.

(2) La guerre entre le Mexique et les États-Unis, guerre qui dure depuis plusieurs mois, et qui n'a entraîné, pour les Mexicains, que défaite sur défaite, a éclaté à l'occasion de l'annexion du Texas. On sait que le Texas, naguères une des provinces du Mexique, a levé l'étendard de l'indépendance. Sa situation géographique, ses intérêts commerciaux, sa nationalité même (il est, en grande partie, peuplé d'émigrés des États-Unis), le rapprochaient de la confédération américaine. Il a

conçu le projet de s'y adjoindre, projet appuyé par l'Union et combattu par le Mexique. De là les hostilités actuelles.

(3) L'entrée à Coïmbre du maréchal Saldhana, marchant à l'attaque d'Oporto, est un fait qui demande des explications préliminaires. On sait que deux partis divisent le Portugal, l'un le parti stationnaire, dévoué au maintien de la charte instituée par don Pedro, l'autre le parti progressiste, réclamant des libertés nouvelles en dehors de la constitution. Ces deux partis ont tour à tour occupé le pouvoir. Le dernier, qui reconnaît pour chef le duc de Palmella, était, depuis assez longtemps aux affaires, quand la reine dona Maria, alarmée des concessions nouvelles qu'on lui demandait chaque jour et des restrictions apportées à l'exercice de son autorité, cassa, par un décret du 6 octobre 1846, le ministère Palmella et lui substitua un cabinet présidé par le maréchal Saldhana représentant des idées contraires. A la suite de ce coup d'état, des troubles éclatèrent à Lisbonne et dans le reste du Portugal. Das Antas et Sa da Bandeira, membres du ministère déchu, se placèrent à la tête de la résistance. Oporto, Santarem, Coïmbre, Braga et plusieurs autres villes plus ou moins considérables levèrent

l'étendard de la révolte. Oporto, la plus importante par sa situation topographique, sa population et le rôle qu'elle a joué dans les dernières
guerres civiles du Portugal fut le centre du
mouvement révolutionnaire. Une junte, ou
comité dirigeant, s'y organisa sous le nom de
Régence intérimaire et choisit pour son président le comte de Das Antas. La junte pro-
clama la déchéance de la reine et l'avénement
au trône de son fils, le jeune prince don
Pedro V, assisté d'un conseil de régence. A la
suite de ces actes extrêmes, la guerre civile
éclata. La junte et la reine armèrent chacune
de leur côté. Il y eût, entre les parties belligérantes, divers engagemens insignifians et
qui ne changèrent absolument rien à la situation des choses. Au début de l'année 1847,
la lutte restait plus que jamais indécise.

(4) On sait que, le 10 octobre 1846, la jeune
reine d'Espagne Isabelle a épousé son cousin
germain don Francesco, tandis que sa sœur,
dona Luisa, infante d'Espagne, épousait le
duc de Montpensier, cinquième fils du roi
Louis-Philippe. Ces mariages, vus de très
mauvais œil par l'Angleterre, qui redoutait,
en cas d'absence d'héritiers directs, l'avénement d'un prince français sur le trône espagnol, ont donné lieu, entre les deux gouver-

nemens, à des correspondances fort vives et fort amères, et rompu l'entente cordiale établie depuis la visite de la reine Victoria au château d'Eu. Les lettres et dépêches, déposées sur le bureau des Chambres françaises et du Parlement anglais, et qui témoignent d'une grande irritation des deux parts, ont donné lieu à de violens débats, particulièrement à la Chambre des députés, où le parti de l'opposition accusait le ministère d'avoir, pour favoriser un mariage de famille, brisé une alliance utile aux intérêts de la France et à la paix européenne.

(5) Bien que les troubles de Buzançais ne soient pas une affaire tout-à-fait politique nous avons cru que · la gravité de cette émeute et de ses conséquences lui méritait une place dans nos *Éphémérides.*

(6) Rio de la Plata (Amérique du Sud).

La guerre entre les deux républiques Argentine et Orientale, qui se prolonge depuis plusieurs années avec des succès divers, a pour point de départ le renversement du général Oribe, autrefois président à Montevideo. Renversé du pouvoir, Oribe se jeta dans les bras de Rosas, président de la république Argentine, qui vit, dans le rétablissement d'Oribe, un puissant moyen d'influence sur la république Orientale, dont le commerce fait, à celui de Buénos-Ayres, une redoutable concurrence. La vigoureuse résistance de Montevideo, secondée par une colonie de commerçans français établis dans le pays, et qui s'organisa en légion, déjoua les plans de Rosas et d'Oribe. Tour à tour vainqueur et vaincu dans diverses escarmouches que les bulletins des armées belligérantes transforment en batailles rangées, Oribe, tout en bloquant Montevideo par terre et par mer, ne put jamais réussir à s'en emparer. Un instant on avait espéré que cette guerre, nuisible aux intérêts commerciaux de l'Europe, et particulièrement de la France, cesserait, grâce à l'intervention combinée des gouvernemens français et anglais. Les deux puissances avaient même, par un coup de vigueur, enlevé la flottille buénos-ayrienne et imposé, le 29 octobre 1840, à Rosas un traité qui conciliait les intérêts des deux républiques. Mais le traité n'a pas tardé à être violé des deux parts, la lutte a recommencé, et les efforts des consuls et des amiraux anglais et français n'ont pu réussir à la suspendre. D'actives négociations sont, cependant, ouvertes en ce moment, afin d'y mettre un terme, et des envoyés, partis de France et d'Angleterre, agissent dans ce sens auprès de Rosas, principal instigateur de la guerre. La question Argentine a, plus d'une fois, agité la Chambre des députés, et servi d'arme à M. Thiers pour battre en brèche le ministère, coupable, suivant lui, de négliger les intérêts et la vie même de plusieurs milliers de Français établis à Montevideo.

(7) La patente royale donnée le 3 février, par le roi de Prusse, mérite que nous nous y arrêtions assez longuement; car ce n'est rien moins que le premier pas fait dans la voie du régime représentatif. La convocation des États-Généraux du royaume de Prusse, malgré tous les efforts du système absolutiste pour contenir l'action des États dans d'étroites limites, n'en est pas moins un fait de la plus haute gravité, et qui doit inévitablement conduire la Prusse à l'établissement du gouvernement constitutionnel. Aussi notons-nous, avec le plus d'exactitude possible, toutes les tentatives, même les plus légères, accomplies par les députés dans le sens de l'émancipation politique. Pour l'intelligence de ces faits et de ceux qui adviendront plus tard, nous donnons ici, *in extenso*, les principales dispositions des lettres-patentes du 3 février, en les faisant précéder d'un court exposé de la

marche suivie en Prusse par le régime libéral et représentatif.

L'idée d'une constitution qui appellerait tous les citoyens à participer activement aux affaires publiques, naquit au moment où la monarchie prussienne croula sous le choc violent de l'invasion française. Les hommes d'État, habiles et résolus, qui présidaient à l'administration de ce pays, comprirent combien étaient fragiles les bases du pouvoir absolu. Depuis l'origine de la monarchie jusqu'en 1806, toute intervention de la nation dans la gestion des intérêts généraux avait été absorbée au profit de l'autocratie du souverain ; les villes, les communes, les corporations et les États du royaume avaient perdu en grande partie la liberté de mouvement dans le cercle de leurs propres intérêts ; ils se virent complètement exclus de toute coopération à la vie publique.

La rude leçon d'Iéna et l'humiliation de Tilsitt ouvrirent les yeux à Frédéric-Guillaume III ; il comprit l'indispensable nécessité de ranimer les élémens perdus d'un gouvernement national, afin de créer un corps social vivant, actif, énergique, à la place d'un mécanisme épuisé. Le salut et la sécurité du pays étaient à ce prix.

Les efforts intelligens dictés par l'esprit libéral furent multipliés par le pouvoir, à la tête duquel étaient placés des hommes tels que Stein et Hardenberg. La sujétion héréditaire des paysans fut supprimée en 1807, l'organisation municipale (*Stadt - Ordnung*) date de 1808 ; la liberté de l'industrie fut proclamée et étendue en 1811 ; en 1812, l'autorité féodale des propriétaires nobles céda le pas à un commissaire du gouvernement, assisté dans chaque district par un conseil électif composé de deux propriétaires de biens nobles, de deux délégués des villes et de deux délégués des communes rurales.

Dès 1810 (27 octobre, édit sur les finances), le chancelier Hardenberg promit une représentation nationale, aussi bien pour les diverses provinces de la monarchie que pour l'ensemble de l'État. Et cette représentation ne devait pas être celle des divers *ordres*, pris dans leur vieille acception, mais bien l'expression de l'opinion de tous les citoyens; le mécanisme des anciens *États provinciaux* était délaissé.

Le gouvernement fit plus : en 1811, il appela d'office à Berlin, pour former une sorte de *représentation intérimaire*, des personnages notables des diverses provinces, qu'il désigna lui-même, et des conseils desquels il voulait s'entourer.

Les patentes royales de prise de possession des provinces nouvellement acquises au roi Frédéric-Guillaume III, ou qui retournaient sous sa domination, et l'ordonnance du 22 mai 1815, furent comme le point de départ d'un nouvel ordre des choses. Dans la plupart de ces patentes, au nombre de dix, il est formellement fait mention de la representation nationale. Il est question de constitution dans les patentes de Posen et de la Westphalie, d'institutions générales (*allgemeine Verfassung*) dans les patentes de Saxe et de Poméranie.

Dans la patente du 5 avril, pour les provinces rhénanes, le roi s'exprime en ces termes :

« Les impôts doivent être établis avec votre concours, d'après un plan général applicable à tous mes autres États. »

La célèbre ordonnance du 22 mai 1815 découle de la même pensée que ces diverses lettres-patentes; elle leur donne un commencement d'exécution. On y lit en effet que les principes sur lesquels repose l'administration de la monarchie seront consignés dans un *document écrit* qui sera conservé d'une manière durable comme la constitution (*Verfassung*) des États prussiens. La même ordonnance parle d'une *représentation nationale*. Celle-ci devait émaner des *États provinciaux* reconstitués en harmonie avec l'esprit de notre époque dans les contrées où ils existaient auparavant, et créés là où ils n'existaient pas. La représentation nationale *siégera à Berlin*, son action sera, est-il dit, *consultative* pour toutes les matières de législation qui touchent aux droits des personnes ou à la propriété, y compris le réglement des impositions.

La constitution que le roi actuel vient de promulguer (car c'est une véritable constitution, quoiqu'elle n'en porte point le titre) se compose d'une patente royale ayant pour objet de définir les attributions des États assemblés en diète réunie ; d'une ordonnance sur la formation de la diète réunie ; d'une ordonnance sur la convocation périodique du comité des États ; enfin d'une ordonnance relative à la formation d'une députation des États, pour l'administration de la dette publique.

Après un préambule dans lequel le roi s'attache à établir qu'il dépasse les promesses de son père et les siennes propres, voici comment s'exprime la patente d'octroi :

« 1º Toutes les fois que les besoins de l'État exigeront, soit de nouveaux emprunts, soit l'introduction de nouveaux impôts ou une augmentation des impôts existans, nous convoquerons les États provinciaux de la monarchie en une *diète générale*, pour faire un appel à leur coopération à l'égard des emprunts, ainsi que l'exige l'ordonnance concernant la dette publique, et nous assurer leur concours pour les nouveaux impôts ou l'augmentation des impôts existans ; 2º à l'avenir nous convoquerons périodiquement le comité des États ; 3º nous chargeons la diète réunie, et à sa place le comité des États, de ce qui suit :

« A. En ce qui concerne la coopération des États à la législation, coopération qui avait été attribuée aux États provinciaux par la loi du 5 juin 1823, § III, nº 2, aussi longtemps qu'il n'y aurait point d'assemblées générale des États ;

« B. De la coopération des États, prévue par la loi du 17 janvier 1820, à l'amortissement et à l'intérêt des dettes de l'État, en tant cependant qu'elle ne serait pas attribuée à la députation des États pour l'administration de la dette publique;

« C. Du droit de pétition pour les affaires intérieures qui ne sont pas seulement provinciales : tout cela d'après les règles plus détaillées des ordonnances de ce jour; sur la formation de la diète réunie; sur la convocation périodique du comité des États réunis et ses droits; sur la formation d'une députation des États pour l'administration de la dette publique. Ayant ainsi, en dépassant les promesses du feu roi notre père, fait dépendre la perception d'impôts nouveaux, ainsi que l'augmentation des impôts existans, du consentement des États fondés sur la nature des constitutions allemandes, et donné ainsi à nos sujets une preuve de notre confiance royale, nous attendons, avec la même confiance dans leur fidélité et loyauté, si souvent éprouvées, avec laquelle nous sommes monté sur le trône, qu'ils nous assisteront aussi dans cette démarche importante avec la même fidélité, et seconderont, suivant leurs forces, nos efforts dirigés vers le bien de la patrie, afin qu'il puisse réussir avec le secours de Dieu. » — Nous citerons les dispositions suivantes de l'ordonnance sur la convocation de la diète réunie :

« § 1er. Nous réunirons les huit diètes provinciales de notre monarchie, toutes les fois que, d'après le contenu de notre patente ci-dessus, il y aura nécessité de le faire, ou bien, lorsque nous le jugerons convenable, pour les affaires du pays ayant une importance spéciale. Nous nous réservons de faire, pour chaque cas particulier, une ordonnance spéciale sur le lieu de la réunion de la diète réunie, sa durée, son ouverture et sa clôture.

« § 2. Nous accordons aux princes de notre maison royale, aussitôt qu'ils auront acquis la majorité d'après la teneur de nos lois de famille, siége et voix, dans l'ordre des princes, comtes et seigneurs, à la diète réunie. Forment en outre l'ordre des seigneurs, les anciens États de l'empire d'Allemagne, princes et comtes appelés aux diètes provinciales, les princes et seigneurs de la Silésie, et tous les princes, comtes, seigneurs et établissemens ayant des voix viriles ou prenant part à des voix collectives. Les princes de notre maison peuvent, en cas d'empêchement, charger un autre prince de notre maison de voter pour eux, mais en vertu d'une procuration soumise à notre approbation. Ce droit est accordé de la même manière pour la diète réunie aux autres membres de l'ordre des seigneurs, qui ont le droit de se faire remplacer par des mandataires dans les diètes provinciales. Nous nous réservons de prendre des résolutions ultérieures en ce qui concerne l'organisation et l'augmentation de l'ordre des seigneurs.

« § 3. Les députés de l'ordre équestre des villes et des communes rurales des huit provinces de notre monarchie paraîtront à la diète réunie en même nombre que dans les diètes provinciales.

« § 4. Nous attribuerons à la diète réunie la coopération des États aux emprunts publics, réservée dans l'art. 2 de l'ordonnance sur l'administration de la dette publique du 17 janvier 1820 ; et, en conséquence, de nouveaux emprunts pour lesquels la fortune et la propriété totale de l'État sont données comme garantie (art. 3 de l'ordonnance du 17 janvier 1820), ne pourront à l'avenir être conclus qu'avec la coopération et la garantie de la diète réunie.

« § 5. Lorsque de nouveaux emprunts de la nature de ceux désignés dans le paragraphe 4 seront destinés à couvrir les besoins de l'État en temps de paix, nous ne les laisserons pas contracter sans l'assentiment de la diète réunie. »

Les articles 6, 7, 8, 9, 10, 11 contiennent la réserve pour la couronne de prendre, en cas de guerre imminente ou commencée, des mesures financières d'urgence, sauf approbation ultérieure de la diète réunie. Les articles 14 et 15 portent que sur les questions financières les ordres voteront par tête, tandis que dans tous les autres cas l'ordre des seigneurs formera une assemblée distincte, ayant son président propre nommé par le roi.

« § 12. Nous nous réservons d'exiger dans des cas spéciaux l'assistance de la diète réunie, que celle-ci est autorisée à donner avec pleine efficacité pour les lois qui ont pour objet d'introduire des changemens dans les droits des personnes et ceux des propriétés.

« § 16. Les pétitions et les griefs ne pourront nous être soumis qu'après avoir été délibérés dans les deux assemblées (l'assemblée des seigneurs et celle des députés de l'ordre équestre des villes et des communes rurales), et il faudra que les deux tiers des voix aient été données en faveur des pétitions et griefs. Lorsque les deux assemblées ou l'une d'elles, en examinant une loi, se prononceront contre elle ou contre certaines dispositions à une majorité inférieure à celle ci-dessus fixée, on nous soumettra aussi l'avis de la minorité.

« § 21. Les pétitions et griefs rejetés par nous ne peuvent être présentés par la même assemblée et être renouvelés plus tard sans nouveaux motifs.

« § 22. Dans toutes les délibérations de la diète réunie ou des États, ordres ou provinces (paragraphes 14 à 17), nos ministres d'État et les autres fonctionnaires peuvent, lorsque nous leur donnons mandat pour la durée de pareilles assemblées ou pour des affaires particulières, y assister et prendre la parole toutes les fois qu'ils le jugent nécessaire. Ils ne prennent point part aux votes, à moins qu'ils ne soient membres de la diète réunie. »

Voici maintenant les articles essentiels de l'ordonnance qui règle la convocation et les droits du comité permanent des États :

« § 2. Le comité réuni des États est convoqué par nous aussi souvent que cela est nécessaire et au plus tard après quatre ans depuis la clôture de la dernière assemblée, ou bien, s'il y a lieu, dans l'intervalle d'une diète réunie dans le même délai après la clôture de cette diète.

« § 3. En ce qui concerne l'assistance des États exigée par la loi générale sur la forme des États provinciaux, du 5 juin 1823, pour les lois opérant des changemens dans les droits des personnes et de la propriété ou qui ont pour objet d'opérer dans les impôts d'autres changemens que ceux désignés dans le paragraphe 9 de l'ordonnance de ce jour sur la formation de la diète, nous demanderons, lorsque ces lois concerneront toute la monarchie ou plusieurs provinces, d'après la règle, l'avis du comité des États réunis, et nous lui accordons le droit de le donner avec une efficacité pleine et entière.

« § 4. Le comité réuni des États est chargé de soigner les affaires concernant l'administration de la dette publique en remplacement de la diète générale. (Ces affaires sont désignées dans l'art. 8 de notre ordonnance de ce jour sur la formation de la diète générale.)

« § 5. Le droit de pétition appartient au comité réuni des États dans la même étendue qu'à la diète générale ; sont néanmoins exceptées toutes les propositions ayant pour objet des changemens dans la constitution des États.

« § 6. Si nous jugeons à propos de faire des communications au comité réuni des États sur les finances de l'État, les dispositions de l'art. 11 de l'ordonnance sur la formation de la diète générale seront pleinement appliquées.

« § 7. La direction des affaires et la présidence du comité des États réunis sont confiées à un maréchal nommé par nous, lequel est remplacé, en cas d'empêchement, par un vice-maréchal, qui est nommé de la même manière.

« § 8. Le comité réuni des États délibère comme assemblée unique; les résolutions sont prises, suivant la règle, à la simple majorité de voix. Des pétitions et des griefs ne peuvent être portés à notre connaissance qu'autant que les deux tiers des voix au moins se sont prononcées en leur faveur. Lorsque le comité réuni des États, en examinant une loi, se prononce contre cette loi ou des dispositions particulières à une majorité moindre que celle ci-dessus désignée, l'opinion de la minorité me sera également soumise.

« § 9. Les diètes provinciales ne peuvent donner aux comités particuliers des instructions ni des mandats pour le comité réuni des États. »

Une dernière ordonnance a pour objet la formation d'une députation permanente des États pour l'administration de la dette publique.

Grâce à la publication de la patente royale

du 3 février, la Prusse a maintenant une constitution composée d'une chambre héréditaire et d'une chambre élue, discutant et votant séparément, sous la présidence de maréchaux distincts. Nous ajouterons que le vote par tête sur les matières financières donne à la chambre élue la prépondérance qui lui appartient dans les questions de subsides. L'ordre des seigneurs ne compte que 81 voix, dont 10 sont dévolue aux princes de la famille royale ; l'ordre équestre en compte 230, les villes 182, les communes rurales 424 ; total pour la diète réunie, 617 voix.

C'est le prince de Solms-Hohensols qui préside l'assemblée des seigneurs ; l'assemblée des communes est présidée par M. Rochow de Stuple, maréchal de la cour.

(8) Le prince don Henry, duc de Séville, second fils de l'infant d'Espagne don Francesco, afficha long-temps des prétentions à la main de sa cousine Isabelle. Mais ses sympathies, trop ouvertement professées par le parti ultra-progressiste, le firent repousser par la reine-mère et par les puissances intéressées à la tranquillité de l'Espagne. C'est, dit-on, le dépit de voir ses prétentions échouer qui l'a poussé à contracter une alliance au dessous de son rang.

(9) M. Mussurus, ambassadeur turc à Athènes, affichait, suivant certains *on dit*, un esprit d'opposition et de taquinerie systématique contre le gouvernement grec et même contre le roi Othon. C'est à la suite d'une phrase blessante lancée par le roi à la personne de l'ambassadeur lors d'une soirée de la cour, que M. Mussurus a déclaré cesser toute relation avec le gouvernement grec, à moins d'une éclatante réparation.

(10) Cette proposition consiste à réduire à une taxe uniforme de 20 centimes toute lettre du poids de 7 grammes 1/2 ou au-dessous.

(11) L'objet de la protestation du ministère bavarois, la sénora Lola Montès, est une danseuse espagnole plus célèbre par ses excentricités et ses façons cavalières que par son talent. Après avoir, en Prusse, souffleté un officier, et donné, en Autriche, des coups de cravache à des gendarmes, la sénora vint à Paris, où elle se lança dans le monde des lions et de la galanterie. Elle joua un certain rôle dans le procès intenté à M. Beauvallon, à l'occasion du duel où M. Dujarrier trouva la mort. La sénora Lola parut à l'audience en grand deuil et versa des larmes abondantes sur le sort de la victime, avec laquelle elle affichait, d'ailleurs, son intimité. Peu de temps

après, Mlle Lola Montès partit pour la Bavière et débuta, comme danseuse, sur le grand théâtre de Munich. Sa beauté captiva le roi Charles-Auguste, qui, bien qu'âgé de soixante et un an, ne tarda pas à la traiter publiquement en favorite. Comblée des faveurs du monarque, Mlle Lola Montès exigea, pour tenir au prince par un lien de plus, qu'on lui conférât des lettres de naturalisation. Le ministère bavarois, dirigé par M. d'Abel, chef du parti religieux, opposa à cette prétention une vive résistance, inspirée par des scrupules de conscience, et trouvant chez le roi une inébranlable volonté, offrit sa démission, qui fut acceptée. Un nouveau ministère, choisi dans le sein du parti hostile aux jésuites, arriva au pouvoir, et, grâce à la passion du roi pour une danseuse, la Bavière est aujourd'hui lancée dans la voie de la réforme politique et de la liberté.

(12) Afin de faire mieux comprendre la nature du projet de loi relatif au chapitre royal de Saint-Denis, nous donnons ci-dessous la bulle rendue par le pape à cette occasion, en la faisant suivre d'un court résumé de la teneur du projet :

« Notre très cher fils en Jésus-Christ, Louis-Philippe, roi très chrétien des Français, désirant honorer cette église, nous a fait demander par notre cher fils le noble comte Septime de Fay de Latour-Maubourg, son ambassadeur auprès de nous et auprès du saint-siége, d'y instituer canoniquement un chapitre approuvé par nous et *soumis immédiatement*, d'après quelques règles expressément déterminées *au siége apostolique*, et d'étendre ces priviléges à l'établissement royal fondé dans les bâtimens du monastère attenant à l'église, dans lequel les filles des chevaliers de la Légion-d'Honneur sont formées à la religion, aux bonnes mœurs et à l'instruction qui convient à leur sexe. A l'exemple de nos prédécesseurs, nous avons reçu avec bienveillance la demande du sérénissime roi, comme une preuve éclatante de sa sollicitude pour les intérêts sacrés de la religion.

« Ayant donc examiné avec soin toute l'affaire, usant de la plénitude de la puissance apostolique pour la gloire de Dieu tout-puissant et l'honneur de la bienheureuse Marie toujours vierge, patronne de la France, et de saint Denis, apôtre de cette nation.

« Nous avons cru devoir décréter pour toujours ce qui suit :

« Nous déclarons, par nos présentes lettres apostoliques, constitué canoniquement le chapitre établi pour célébrer le service divin dans ladite église de Saint-Denis ; lequel chapitre ayant un seul dignitaire sous le titre de primicier, et qui sera toujours choisi parmi les évêques, se compose de membres dont les uns sont honorés du caractère épiscopal et les autres sont de l'ordre des prêtres, et possède un nombre convenable de ministres inférieurs ; nous accordons et attribuons à ce corps tous les droits, honneurs et insignes des chapitres, autorisant dès actuellement à jouir de ces priviléges tous ceux qui, par la suite, pourront être adjoints légitimement aux membres actuels, si l'on en augmente le nombre.

« Nous déclarons que tous, le primicier, les chanoines, évêques et non évêques, et les autres qui font partie du chapitre devront être choisis par la libre nomination de sa majesté, qui jouit du droit de patronage royal sur ladite église de Saint-Denis. Nous nous réservons de conférer par des bulles apostoliques l'institution canonique, tant au primicier qu'aux évêques appelés à faire partie du chapitre ; attribuons au primicier le droit de la conférer en notre nom aux chanoines qui n'ont pas le caractère épiscopal et aux autres membres du chapitre. Nous recevons et établissons, *sous notre tutelle particulière* et celle de nos successeurs, l'église, le primicier, les chanoines, le chapitre, tous ceux qui font partie du corps capitulaire, et les ministres ecclésiastiques ou laïques qui seront de fait attachés à son service, les déclarant pour toujours *soumis immédiatement à nous et au siége apostolique* pour tout ce qui se rapporte au soin intérieur de l'église, aux offices divins, à la discipline du chœur, à l'exécution des charges pieuses, à l'administration de la fabrique et des revenus. Nous désignons et établissons pour toujours le primicier dudit chapitre, comme chargé, *en notre nom et avec notre autorité, au nom et avec l'autorité du siége apostolique*, d'exercer cette juridiction sur l'église, le clergé et les officiers du chapitre; décrétons et ordonnons, par nos présentes lettres apostoliques, que cette juridiction lui soit dévolue, comme annexée à la dignité du primicier, aussitôt qu'il aura pris légitime possession de cette dignité. »

A la suite de cette bulle vient l'énumération des pouvoirs conférés au *primicier*. Ce grand dignitaire est investi du droit de visiter l'église de Saint-Denis, ainsi que ses dépendances, et aucun autre ne pourra le faire sans avoir consulté le siége apostolique. — Il

pourra donner la confirmation, examiner et
autoriser les confesseurs et les prédicateurs.
— Cette juridiction exceptionnelle s'étendra
non seulement sur l'église et le chapitre, mais
encore sur la maison royale de la Légion-
d'Honneur. Le primicier y exercera toutes les
fonctions pastorales, au nom et sous l'autorité du souverain pontife. — Enfin le nonce
choisira un évêque pour surveiller l'exécution de cette bulle, c'est-à-dire l'organisation
de cet établissement religieux.

Le projet de loi interdit, par la formule
d'usage, l'exécution des clauses de la bulle
qui pourraient être contraires aux lois du
royaume.

Le but de cette loi paraît être de créer, à
côté du clergé ordinaire, un clergé privilé-
gié, assez analogue à se qu'on nommait autrefois le clergé de cour.

(13) Le général Serrano, un des plus jeunes
généraux de l'armée espagnole et un des
plus beaux hommes de la cour, passe, à tort
ou à raison, pour jouer, auprès de la jeune
reine, le rôle de favori. Le peuple espagnol
l'a, dit-on, surnommé Gudoï second. La protection d'Isabelle, qui a défendu ouvertement
le général contre les justes sévérités de la

discipline militaire qu'il a bravée plus d'une fois, a donné prise à la médisance.

(14) La loi sur les relais de poste a pour objet de subventionner les maîtres de poste réduits, vis-à-vis de la concurrence des chemins de fer, à maintenir des relais dont les recettes s'amoindrissent tous les jours, et que leur intérêt les engagerait à supprimer bientôt, au grand préjudice des relations habituelles du gouvernement central avec les départemens et de celles que les éventualités peuvent créer.

(15) Après avoir déclaré que si, d'une part, il est immuablement résolu à maintenir dans la puissance de leurs droits spéciaux les églises évangélique et catholique romaine dont l'existence se rattache à des traités politiques, il ne l'est pas moins, de l'autre, à maintenir intacte pour ses sujets la liberté de conscience et de croyance, le roi accorde la faculté de se réunir pour célébrer le culte même des communions non autorisées. Les habitans du royaume sont libres de renoncer à leur ancienne croyance pour entrer dans une société religieuse particulière, mais ils conservent la puissance des droits et des honneurs civils comme s'ils restaient dans une communion admise par l'Etat. Il est en-

tendu seulement que ceux qui seront quittés d'une église ne pourront plus prétendre à y exercer leurs droits. La patente résout aussi la difficulté qui se présente au sujet des actes de l'état civil qui sont confiés en Prusse aux ministres des religions autorisées : les nouvelles sectes religieuses auront le droit de passer les actes de l'état civil, à la condition d'en faire constater l'authenticité par une publication judiciaire, si un ministre du culte autorisé refuse d'en prendre la responsabilité.

(16) Bou-Maza, un des agitateurs les plus célèbres de l'Algérie, après l'émir Abd-el-Kader. Le *Voleur* a donné, dans son numéro du 30 mars 1847, une biographie fort détaillée de cet aventurier.

(17) La bataille de Hyunl-Yourt est un des mille épisodes de la longue guerre du Caucase. On sait que la guerre du Caucase, soutenue avec une grande énergie et de fréquens succès par le chef Schamyl, a pour objet l'indépendance des peuplades caucasiennes, menacées par l'ambition et les armes de la Russie. Rien ne fait présager le terme de cette lutte désespérée de la liberté contre l'esprit de conquête.

(18) Il existe à la manutention militaire de Paris des moulins mus par la vapeur, affermés à un entrepreneur chargé de la mouture

des grains nécessaires à la consommation de la place. Cet entrepreneur s'apercevant que la quantité de blés qu'on lui donnait à moudre était très inférieure à celle sur laquelle il avait dû compter, alla aux informations et apprit que Bénier, employé supérieur, chargé de la comptabilité, au lieu d'acheter des grains, ainsi que cela lui était prescrit, et ainsi qu'il le portait sur ses factures, achetait des farines de 3me et de 4me sortes, c'est-à-dire des remoulages contenant tous les résidus de la meunerie, et même des mélanges de légumes, véritables rebuts, dépourvus de la partie réellement nutritive. Il fit ses réclamations à l'autorité supérieure. Bénier reçut l'injonction de désintéresser l'entrepreneur de la mouture, et il s'en suivit une transaction, par suite de laquelle Bénier dut payer une indemnité de vingt ou trente mille francs.

(19) L'affaire Cubières a pour point de départ le procès intenté par un sieur Parmentier au général Despans-Cubières à l'occasion des mines de Gouhenans, dont tous les deux étaient actionnaires, procès dans le cours duquel il fut donné lecture de la lettre suivante écrite de la main même du général :

« Tout ce qui se passe doit faire croire à la

stabilité de la politique actuelle et au maintien de ceux qui la dirigent. Notre affaire dépendra donc des personnes qui se trouvent maintenant au pouvoir... Voici à ce sujet un mot de M. Leg... : « Quand nous étions di-
« rection générale, les droits des tiers étaient
« suffisamment garantis par notre impartia-
« lité..., mais aujourd'hui il n'en est plus
« ainsi : nous tenons à un ministère, et par
« conséquent à la politique... Une concession
« peut-être l'objet d'une décision du conseil
« des ministres. Je vous engage donc à pren-
« dre vos précautions. » Je n'ai pas voulu tarder à vous communiquer cet avis, si important et si grave dans la bouche de celui qui me l'a donné : il n'y a pas un moment à perdre ; *il n'y a pas à hésiter sur les moyens de nous créer un appui intéressé dans le sein même du conseil. J'ai les moyens d'arriver jusqu'à cet appui ; c'est à vous d'aviser aux moyens de l'intéresser... N'oubliez pas que le gouvernement est dans des mains avides et corrompues, que la liberté de la presse court risque d'être étranglée sans bruit l'un de ces jours, et que jamais le bon droit n'eut plus besoin de protection.*

« Je passe ma vie au milieu des députés, je vais chez la plupart des ministres, dont je crois utile au succès de notre affaire de cultiver l'amitié... Des paroles qu'on m'adresse, des conversations que j'écoute, il résulte que M. K... (député) a pris *l'avance des sollicitations*, et qu'il a... un espoir mieux fondé que *que celui qui reposerait uniquement dans notre bon droit*.

« ... La convocation de la société de Goubenans doit avoir aussi pour objet de fixer *le nombre d'actions qui devra être mis à notre disposition pour intéresser*, SANS MISE DE FONDS, *les appuis qui seraient indispensables au succès de l'affaire.* »

C'est la publicité donnée à cette correspondance qui a occasionné les poursuites du gouvernement.

(20) L'hostilité d'Abd-el-Kader et d'Abderrhaman, date du traité de Tanger, où l'empereur de Maroc s'engageait vis-à-vis de la France à poursuivre ou du moins à faire interner l'émir dans le Maroc et à s'opposer à toute invasion de sa part sur le territoire appartenant à la France. Abd-el-Kader, réduit par ses échecs successifs lors de sa dernière levée de boucliers, à chercher un refuge au Maroc, et reconnaissant la vanité de ses efforts contre la puissance française, n'a cessé de travailler ouvertement et sourdement les populations nomades du Maroc, et de prêcher

le prosélytisme religieux dans le but d'arriver pas à pas à détrôner Abderrhaman et à se substituer à sa place. C'est cette prétention à peu près avouée aujourd'hui qui a motivé l'attaque et entraîné la mort du lieutenant de l'empereur. Aujourd'hui la lutte est ouverte ou sur le point de l'être. Personne ne peut en prévoir ni en calculer les résultats.

(21) Avant 1845, les cours d'assises étaient composées de trois magistrats de la Cour royale et de quatre assesseurs. Ces assesseurs étaient des habitans de la colonie, naturellement possesseurs d'esclaves. Aussi, toutes les fois que les Cours d'assises avaient à connaître d'un crime commis sur un esclave par une personne libre, l'acquittement du coupable était à peu près assuré. La loi de 1845, qui réduisit le nombre des assesseurs à trois, et éleva celui des juges à quatre, ne fut qu'un palliatif impuissant. La présente loi décide que les Cours d'assises seront formées de six magistrats de la Cour royale, dont deux conseillers auditeurs.

Imprimerie et lithographie de MAULDE et RENOU, rue Bailleul, 9 et 11.